Hasnwiler
Danckes wil
Wintrbach
Bokenburen
Pasendorf
Sikingen
Bermatingen
Heppach
Cell
Taldor
Markdorf
Hagnow
Fischbac
Mancell
Buchorn
Brochncell
Ach f.
Erischkirch
Schus
Bergen
Weingartn
Ravespurg
Augia minor
Lupolds
Guler
Eschach
Waldburg
Walt
Pfferrich
Praßberg
Mekanbeurn
Haslach
Rat
Wangen
Hidenswilr
Fe
Zoll
Langnaw
Achberg
Rogncel
Herknswiler
Reun
Liebach
Sirgen
Hosenb
Rukstey
Wasserburg
Alwin
Herbrands
Buchurg Tobel
BODEN SEE.
Langen Argen
Lindaw
Bregentz
Hirsberg
Pfanenberg
Rhenus flu.
Angia Major
Mecheraw
Arbon
Ror
Hochst
Fußach
Bregentz Ach
Rosschach
Ob. Stainach
Wolfurt

AM BODENSEE

Rolf Zimmermann

Verlag Stadler

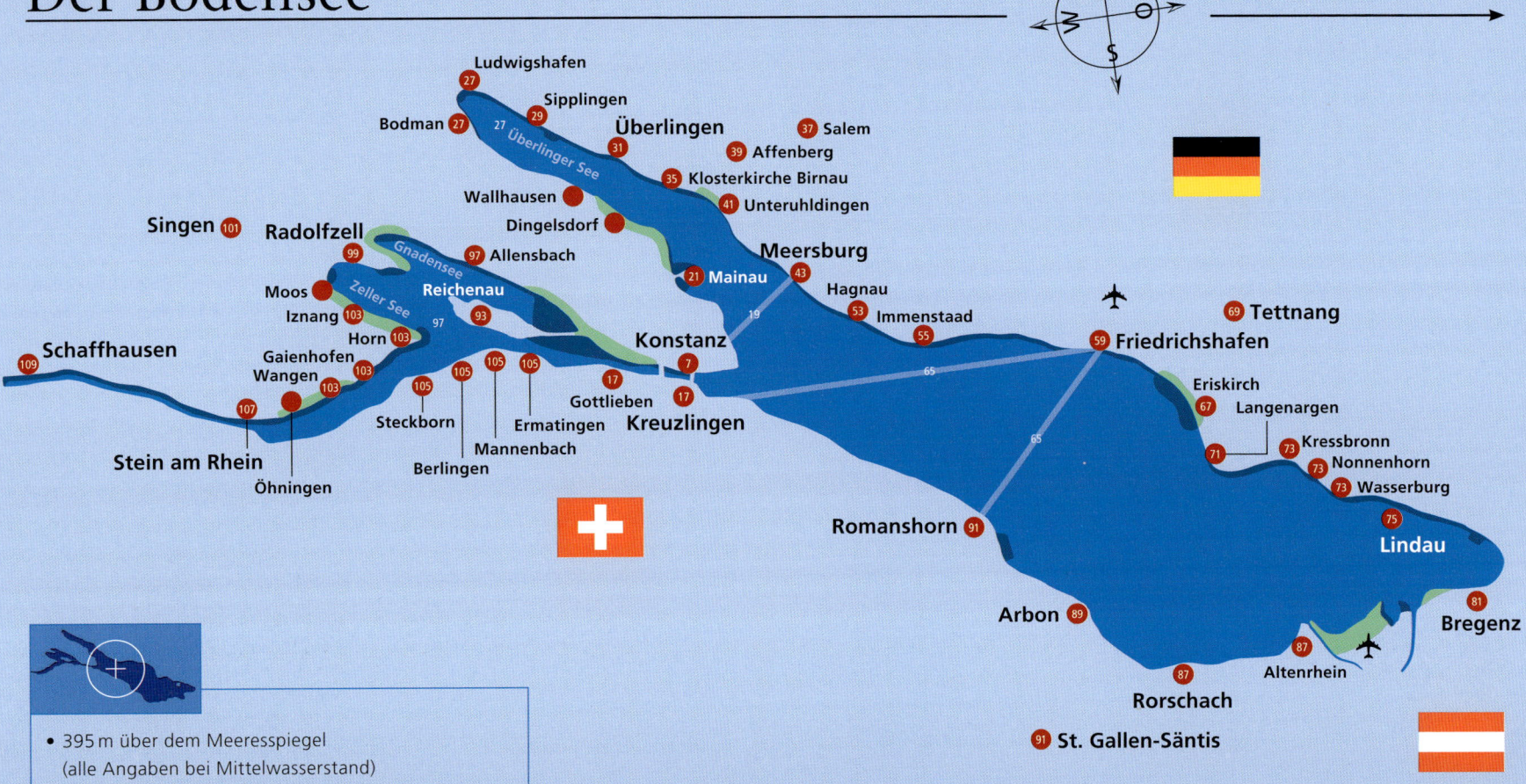

Inhaltsverzeichnis

Der Bodensee und seine Namen 5
Konstanz 7
Kreuzlingen und Gottlieben 17
Die „schwimmende Brücke" Konstanz–Meersburg 19
Blumeninsel Mainau 21
Überlinger See 27
Sipplingen 29
Überlingen 31
Klosterkirche Birnau 35
Schloss Salem 37
Am Affenberg 39
Pfahlbaumuseum Unteruhldingen 41
Meersburg 43
Weinbau am Bodensee 51

Hagnau 53
Immenstaad 55
Freizeit auf dem See 57
Friedrichshafen 59
Schifffahrt auf dem Bodensee 65
Eriskirch 67
Tettnang 69
Langenargen 71
Kressbronn 73
Nonnenhorn 73
Wasserburg 73
Lindau 75
Bregenz 81
Der Pfänder 83

Rheindelta 85
Altenrhein und Rorschach 87
Arbon 89
Romanshorn, St. Gallen und Säntis 91
Insel Reichenau 93
Untersee und Allensbach 97
Radolfzell 99
Singen am Hohentwiel 101
Halbinsel Höri 103
Schweizer Unterseeufer 105
Stein am Rhein 107
Schaffhausen 109
Der Rheinfall 111
Impressum 113

Der Bodensee und seine Namen

Zahlreiche Funde aus der Steinzeit und der Bronzezeit belegen, dass die Bodensee-Region bereits seit rund zehntausend Jahren besiedelt ist.

Vor über 2000 Jahren eroberten die Römer eine kleine Siedlung am Ostrand des Sees und bauten sie unter dem Namen Brigantium zum Handels- und Militärstützpunkt aus. Daraus entwickelte sich das heutige Bregenz, und die Römer nannten den See „Lacus Brigantinus".

Um das Jahr 260 drangen die Alemannen in die nördlichen Regionen am See ein. Zur Absicherung der römischen Nordgrenze wurde um das Jahr 300 zur Regierungszeit von Kaiser Constantius Chlorus ein bestehender Stützpunkt am westlichen Abfluss des Sees zu einem Kastell ausgebaut. Dies erhielt den Namen Constantia, und daraus entstand die Stadt Konstanz, nach der der See in den meisten Fremdsprachen benannt wird, z. B. „Lake Constance" und „Lac de Constance".

Im 12. Jahrhundert benannten die Staufer den See nach ihrer Kaiserpfalz Bodama, dem heutigen Bodman am Überlinger See. Und so entstanden die Namen „Lacus Bodamicus", „Bodamer See" und schließlich der heutige Name „Bodensee".

Diesen See werden wir nun „umrunden" und dabei seine Landschaften und Orte, Schlösser, Kirchen und andere Sehenswürdigkeiten kennen lernen.

„Lacus Bodamicus" auf einer Landkarte aus dem Jahre 1702

S. 4: Ein Blick auf den Überlinger See und den Säntis mit Schloss Spetzgart im Vordergrund

Konstanz

Wir beginnen in Konstanz, der größten und bekanntesten Stadt am Bodensee. Wegen ihrer günstigen Lage an mehreren Handelswegen wurde die ehemalige Römersiedlung bereits um das Jahr 590 Bischofssitz. Das alte Konstanz war eine befestigte Stadt am linken Rheinufer, aber schon im Mittelalter führte eine hölzerne Brücke zum heutigen Stadtteil Petershausen am rechten Ufer des See-Rheins.

Da sich im Konstanzer Süden das schweizerische Kreuzlingen anschließt, erweiterte sich Konstanz Richtung Norden mit neueren Vororten auf der rechten Rheinseite. Mehrere Brücken verbinden die Konstanzer Stadtteile.

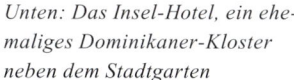

- Größte Stadt am Bodensee
- Im Mittelalter freie Reichsstadt und Schauplatz des Konzils 1414–1418
- Etwa 82 000 Einwohner
- Universitätsstadt mit über 16 000 Studierenden
- Stadttheater, Philharmonie
- Bekannteste Wahrzeichen: Konstanzer Münster, Konzilgebäude, Imperia
- Archäologisches Landesmuseum, Rosgartenmuseum, Aquarium „Sea Life", Bodensee-Naturmuseum und weitere Museen
- Bodensee-Therme Konstanz und weitere Freizeiteinrichtungen
- Jährliches Seenachtsfest gemeinsam mit Kreuzlingen

Unten: Das Insel-Hotel, ein ehemaliges Dominikaner-Kloster neben dem Stadtgarten

Oben: Rheinbrücke mit Blick auf das Münster und den Rheintorturm

Mitte: Jugendstil-Häuser in der Seestraße

S. 6: In Konstanz mündet der Obersee in den See-Rhein, über den mehrere Brücken führen

Konstanz
Konzilgebäude und Hafen

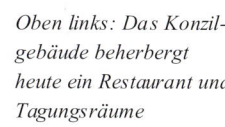

Um von der Altstadt zum Bodenseeufer zu gelangen, müssen wir die vielbefahrene Konzilstraße und die Bahnlinie überqueren. Nicht zu übersehen ist das große Gebäude gleich am Hafen, das sogenannte Konzilgebäude. Es wurde 1388 als Kauf- und Lagerhaus für den Handel mit Südeuropa und als Standort der Konstanzer Leinwandmesse gebaut. Einige Jahre später machte es vier Tage lang Geschichte.

Denn in Konstanz fand von 1414 bis 1418 die bedeutendste Versammlung des ausgehenden Mittelalters statt: das Konstanzer Konzil. Hier wurde die damals gespaltene Kirche reformiert, und hier wurde an Stelle der drei Päpste und Gegenpäpste ein neuer Papst gewählt. Das Konzil tagte normalerweise im Münster, aber für die Wahl schlossen sich die 56 Kardinäle und Gesandten vom 8. bis 11. November 1417 im ersten Stock des Konzilgebäudes zum Konklave ein und wählten dort den Römer Oddone Colonna zum Papst Martin V.

Konstanz hatte damals nur 8 000 Einwohner und musste während des Konzils bis zu 20 000 Fremde gleichzeitig beherbergen. Zu diesen gehörten auch jeweils über 200 Bäcker, Barbiere und Schneider sowie 700 „Hübschlerinnen", über die Honoré de Balzac in seinen „Tolldreisten Geschichten" berichtet. In Anlehnung daran schuf der Bodmaner Künstler Peter Lenk die neun Meter hohe und achtzehn Tonnen schwere Figur der spärlich bekleideten „Imperia", die sich seit 1993 an der Hafeneinfahrt um sich selbst dreht und zu einem weiteren Wahrzeichen von Konstanz wurde. Mit Kaiser Sigismund und Papst Martin V. auf ihren Händen symbolisiert sie die Macht der Kurtisanen während des Konzils.

Oben links: Das Konzilgebäude beherbergt heute ein Restaurant und Tagungsräume

Mitte: In der Hafeneinfahrt grüßt die Imperia

Oben rechts: Boote vor Konstanz

S. 8: Imperia und Hafeneinfahrt am Abend

Konstanz
In der Altstadt

Durch die Fußgängerunterführung kommen wir zur Marktstätte, einem langgezogenen Platz umgeben von Häusern der letzten acht Jahrhunderte. Da Konstanz wegen der Nähe zur Schweiz im 2. Weltkrieg nicht bombardiert wurde, sind hier und in den anderen Teilen der Altstadt überall noch steinerne Zeugen der großen Vergangenheit aus dem 13. bis 16. Jahrhundert erhalten.

Konstanz war eine freie Reichsstadt mit selbstbewussten Kaufleuten und Bürgern. Die Stadt besaß das Münz- und Zollrecht und hatte mit der „Konstanzer Leinwand" schon damals einen „Markenartikel" für den europäischen Handel.

Von der alten Stadtbefestigung sind leider nur noch das Schnetztor an der Südwestecke der Altstadt sowie der Pulverturm und der Rheintorturm im Norden am See-Rhein erhalten.

Im Westen wird die historische Altstadt durch eine schattige Allee begrenzt,

die Obere und die Untere Laube. Dort auf dem Mittelstreifen steht seit 1990 der „Konstanzer Triumphbogen", mit dem der Künstler Peter Lenk auch unsere Gesellschaft karikiert, nämlich unseren Auto-Wahn und unser Freizeitverhalten.

Oben links: Das Rathaus ist das ehemalige Zunfthaus der Leineweber aus dem 16. Jahrhundert

Oben rechts: Das einzige erhaltene Stadttor ist das Schnetztor im Südwesten der Altstadt

Unten links: Der Lenk-Brunnen in der Unteren Laube karikiert den Auto-Wahn unserer Gesellschaft

S. 10: Die Marktstätte im Zentrum der Altstadt

Konstanz
Das Münster

Am höchsten Punkt der Konstanzer Altstadt erreichen wir den Münsterplatz. Im Jahre 1052 stürzte die dort stehende alte Bischofskirche ein, und man begann mit dem romanischen Neubau des Münsters „Unserer Lieben Frau zu Konstanz". In späteren Jahrhunderten wurde es durch gotische und barocke Erweiterungen mehrfach verändert. So erhielt der Turm erst im 19. Jahrhundert den jetzigen neugotischen Turmaufsatz. Er überragt mit seiner Höhe von 76 Metern die Häuser der Konstanzer Altstadt.

Konstanz war lange Zeit das größte Bistum Deutschlands, und das Münster war ein wichtiger Wallfahrtsort auf einem der Pilgerwege nach Santiago de Compostela. Von den vielen mittelalterlichen Kirchenschätzen können wir nur wenige besichtigen, denn die meisten wurden während der Reformation unter Ulrich Zwingli zerstört.

Oben: Blick auf die Renaissance-Orgel des Münsters

Unten links: Die Mauritiusrotunde, im Mittelalter eine wichtige Pilger-Station auf dem „Schwabenweg" nach Santiago de Compostela

Unten rechts: Eine der vier „Konstanzer Goldscheiben" in der Krypta des Münsters

S. 12: Neugotischer Turm des Münsters

Konstanz
Universität und Fachhochschule

Der Landtag von Baden-Württemberg beschloss 1964, in Konstanz eine „Reform-Universität" zu errichten. Hier sollten die Vorlesungen in kleinen Gruppen erfolgen, und die Studenten sollten intensiv durch Tutoren betreut und frühzeitig an der Forschungsarbeit der Dozenten

Universität Konstanz
* Gründung 1966 als Reform-Universität
* 14 Fachbereiche und etwa 100 Studienfächer mit den Schwerpunkten Natur-, Geistes- und Verwaltungswissenschaften
* 11 500 Studierende
* Seit 2007 Exzellenzuniversität

Hochschule Konstanz für Technik, Wirtschaft und Gestaltung
* 18 Bachelor- und 12 Masterprogramme
* 4 700 Studierende

beteiligt werden. Das gelang auch, als im Herbst 1966 der Lehrbetrieb mit 7 Professoren und 57 Studenten provisorisch im Inselhotel begann.

Heute ist die geplante Maximalzahl von 3 000 Studenten weit überschritten, es lernen und arbeiten nun rund 11 500 im Campus auf dem Gießberg. Dieser Gebäudekomplex oberhalb des Überlinger Sees bietet kurze Wege. Durch unterschiedliche Baustile, und reichhaltig mit „Kunst am Bau" ausgestattet, wurde die Entstehung einer öden Betonlandschaft vermieden.

Wesentlich älter als die Universität ist die Fachhochschule Konstanz, heute die „Hochschule Konstanz für Technik, Wirtschaft und Gestaltung (HTWG)". Sie ist aus dem „Technikum Konstanz" hervorgegangen, das 1906 mit 4 Dozenten und 28 Schülern den Lehrbetrieb aufnahm.

Oben und Mitte links: Gebäude in unterschiedlichen Stilrichtungen und Farben sind untereinander verbunden

Mitte rechts: Zentrales Forum der HTWG

S. 14: Eine der zahlreichen „Ecken" für die Pausen zwischen den Vorlesungen

Kreuzlingen und Gottlieben

Blick auf Kreuzlingen

Bevor wir Konstanz Richtung Überlinger See verlassen, sehen wir uns noch diese beiden südlichen Nachbarorte in der Schweiz an.

Kreuzlingen war im 19. Jahrhundert noch ein winziges Dorf, dessen Geschichte eng mit der von Konstanz verknüpft war. Erst 1928 entstand durch Zusammenlegung mehrerer benachbarter Gemeinden die heutige Stadt. Dazu gehören auch im Osten das ehemalige Kloster St. Ulrich mit der Ölbergkapelle und am Seeufer dessen früherer Sommersitz, die Seeburg. Die „Kornschütte" im Seeburgpark beherbergt das Seemuseum mit Ausstellungen zur Schifffahrt und Fischerei am Bodensee.

Westlich von Kreuzlingen liegt am Ende des See-Rheins Gottlieben, eine der kleinsten Gemeinden der Schweiz. Hinter hohen Bäumen versteckt sich das Schloss aus dem 13. Jahrhundert, das die Sängerin Lisa della Casa bis zu ihrem Tod 2012 bewohnte.

Weniger versteckt sind drei berühmte Feinschmecker-Restaurants in malerischen Fachwerkhäusern des Dorfes, die außer gutem Essen auch einen schönen Blick auf den See-Rhein und das gegenüberliegende Wollmatinger Ried bieten.

Kreuzlingen
* Schweizer Schwesterstadt von Konstanz
* Etwa 21 000 Einwohner
* Seemuseum zur Schifffahrts- und Fischereigeschichte, Puppenmuseum und weitere Museen
* Theater, Konzertsaal, Planetarium
* Eisstadion, Schwimmbäder etc.
* Jährliches Seenachtsfest gemeinsam mit Konstanz

In der Kirche St. Ulrich in Kreuzlingen

Unten links: Von der Schiffsanlegestelle blickt man über den See-Rhein auf das Wollmatinger Ried

Unten rechts: Die Drachenburg in Gottlieben ist eines der bekanntesten Feinschmecker-Restaurants der Region

S. 16: Die Seeburg war der Sommersitz des Klosters St. Ulrich und ist heute ein Ausflugsrestaurant

Die „schwimmende Brücke" Konstanz–Meersburg

Doch nun zurück zum deutschen Bodenseeufer: Nördlich von Konstanz verjüngt sich der bis zu 14 Kilometer breite Obersee zum nur noch drei bis vier Kilometer breiten Überlinger See. Hier wurde der Bodensee schon zur Römerzeit mit Schiffen überquert. Mit Zunahme des Autoverkehrs und wegen der etwas isolierten Lage der Grenzstadt Konstanz suchte man in den Zwanzigerjahren des vorigen Jahrhunderts Lösungen, den Überlinger See mit einer „Kraftwagenfähre" zu überbrücken. Am 30. September 1928 wurde dann mit der Fähre „Konstanz" der Fährverkehr zwischen Konstanz-Staad und Meersburg eröffnet. Die „Konstanz" war 32 Meter lang und konnte maximal 15 PKW und 200 Personen transportieren.

Heute verbinden bis zu sechs wesentlich größere Fährschiffe die Städte Konstanz und Meersburg als „schwimmende Brücke" zu jeder Tages- und Nachtzeit. Nachts verkehren sie allerdings nur im Stundentakt, tagsüber bei hohem Verkehrsaufkommen etwa alle 10 Minuten. So werden im Jahr über 1,5 Millionen PKW, Nutzfahrzeuge, Motorräder und Fahrräder und über 5 Millionen Personen befördert.

Oben links: Fähre Tábor

Oben rechts: Fähre bei der Einfahrt am Fährehafen Konstanz-Staad

Unten: Abendstimmung auf der Fähre

S. 18: : Moderne Fähren befördern über 60 PKW und bis zu 700 Personen in 15 Minuten über den See

Blumeninsel Mainau

Unsere „Rundreise" um den Bodensee führt nun am Überlinger See entlang, und schon wenige Kilometer hinter Konstanz-Staad erreichen wir die Insel Mainau. Auch diese „Blumeninsel" hat eine bewegte Geschichte. Sie war mehrere Jahrhunderte im Besitz der Abtei Reichenau, die sie und einige zugehörige Orte im Jahre 1272 für die nächsten Jahrhunderte den Rittern des Deutschen Ordens schenkte. Im Rahmen der Säkularisation fiel die Mainau Anfang des 19. Jahrhunderts an das Haus Baden und gelangte nach mehreren Verkäufen 1853 in den Privatbesitz des Großherzogs Friedrich I. Dieser nutzte die Insel seit 1857 als Sommersitz und ließ den Park mit seinem majestätischen Baumbestand und die ersten Rosengärten und Gewächshäuser mit exotischen Pflanzen anlegen.

Nach seinem Tod 1907 verfiel der Park, bis sein Urenkel aus der schwedischen Linie, Graf Lennart Bernadotte, im Jahr 1932 auf die Insel zog. Erst unter seiner Leitung wurde die Mainau zur heutigen Blumeninsel.

Mainau
* Eine der schönsten Parkanlagen der Welt
* 150 Jahre alter Baumbestand mit mehr als 500 verschiedenen Arten von Laub- und Nadelgehölzen
* Seit 1888 Palmensammlung
* Seit 1996 Schmetterlingshaus mit 25 farbenprächtigen Arten
* Zahlreiche Events und Open-Air-Festivals
* Eigener Hafen
* Ganzjährig geöffnet, jährlich etwa 1,5 Millionen Besucher
* Erlebniswald Mainau

Oben: Blick auf das Schloss, die Schlosskirche und das Palmenhaus

Unten: In der barocken Schlosskirche

S. 20: Über dem Rosengarten erhebt sich das Barockschloss aus dem 18. Jahrhundert

Blumeninsel Mainau
Blumen über das ganze Jahr

Die Parks und Gärten der Insel Mainau sind ganzjährig geöffnet. Wer nicht mit dem Schiff am Hafen ankommt, geht vom Parkplatz über eine Brücke zur Insel und passiert dabei das so genannte Schwedenkreuz. Angeblich wurde diese Kreuzigungsgruppe von schwedischen Söldnern im Dreißigjährigen Krieg auf der Insel geraubt, aber wegen ihres hohen Gewichts an genau der Stelle in den See geworfen, wo sie heute steht.

Die Mainau bietet Blumen zu jeder Jahreszeit. Erster Höhepunkt im Freiland sind Tausende von Tulpen, Hyazinthen und Narzissen in der „Frühlingsallee". Ab Ende Mai bewundern wir neben 300 000 Sommerblumen die herrliche Blütenpracht von 30 000 Rosenstöcken im Italienischen Rosengarten und an der Promenade der Strauch- und Wildrosen. Herbstlicher Höhepunkt ist mit über 12 000 Pflanzen in 250 Sorten die Dahlienschau im Ufergarten und auf dem Dahlienhügel.

Oben links: Im Frühling – die Tulpenblüte

Oben rechts: Das Ereignis im Herbst – die Dahlienblüte

Links: Italienische Blumen-Wassertreppe im Sommer

Rechts: Das so genannte Schwedenkreuz

S. 22: Immer wieder schweift der Blick über die Blumenbeete zum See

Blumeninsel Mainau
Orchideen und Schmetterlinge

Während der Wintersaison blühen im Schutz des Palmenhauses neben dem Schloss die Orangen und andere Zitrusfrüchte sowie Hunderte von Orchideen. Aber auch in den Sommermonaten finden wir ausgesuchte, besonders schön blühende Orchideen zwischen üppigen Tropenpflanzen im 1996 eröffneten Schmetterlingshaus.

Im größten Schmetterlingshaus Deutschlands können wir rund 25 Arten farbenprächtiger Falter aus nächster Nähe beobachten und ihnen bei ihrem Flug von Blüte zu Blüte folgen.

Oben: Orchideen blühen ganzjährig im Schmetterlingshaus

S. 24 und unten: Farbenprächtige Falter flattern von Blüte zu Blüte

Überlinger See

Nordwestlich der Insel Mainau verengt sich der Überlinger See auf wenig mehr als zwei Kilometer Breite. Fast wie ein Fjord wird er auf beiden Seiten von Höhenzügen mit Steilufern begrenzt. Im Südwesten ist dies der Bodanrück, im Nordosten der Sipplinger Berg, beide rund 300 Meter höher als der Seespiegel.

Ein beliebtes Ausflugsziel auf der Südwestseite des Überlinger Sees ist die Marienschlucht bei der Burgruine Kargegg. Entlang eines kleinen Baches gehen wir auf hölzernen Treppen und Stegen steil abwärts zum See hinunter.

Die letzten Orte am nordwestlichen Ende des Überlinger Sees sind Bodman, das als Kaiserpfalz Bodama dem Bodensee und dem Bodanrück die Namen gab, sowie Ludwigshafen am Nordufer. Dieser ehemalige Ort Sernatingen wurde erst zu Beginn des 19. Jahrhunderts badisch und bekam 1826 unter Großherzog Ludwig einen damals bedeutenden Fracht- und Zollhafen und den heutigen Namen.

Oben: Blick von Überlingen auf den Überlinger See

Unten links: In der Marienschlucht

Unten rechts: Schloss Bodman

S. 26: Überlinger See

Sipplingen

Das ehemalige Weinbauern- und Fischerdorf liegt am steil ansteigenden Hang des Sipplinger Bergs, sodass man von fast jedem Haus den See sieht. Sipplingen ist heute ein beliebter Ferienort mit Bootshäfen, Segelschule und Tauchcenter.

In der Nähe des Ortes wird in 60 Meter Tiefe Seewasser entnommen und auf den 700 Meter hohen Sipplinger Berg gepumpt. In der Aufbereitungsanlage der Bodensee-Wasserversorgung wird es dann gefiltert, aufbereitet und in mächtigen Rohren Richtung Stuttgart weitergeleitet, um fast vier Millionen Menschen in 320 Städten und Gemeinden mit Trinkwasser zu versorgen.

Am Hang des Sipplinger Bergs liegt auch der Haldenhof, ein Ausflugslokal mit herrlicher Aussicht und mit dem Startpunkt eines „geologischen Lehrpfads".

Oben links: Steile Molassefelsen bei Goldbach beherbergen Höhlen und Stollen

Oben rechts: Winterliches Sipplingen

Unten links: Bodensee-Wasserversorgung

Unten rechts: In der Sylvesterkapelle in Goldbach

S. 28: Sipplingen

Überlingen

Überlingen erhielt 1191 von Kaiser Friedrich I. Barbarossa die Stadtrechte und wurde einige Jahre später Freie Reichsstadt. Als Handelsplatz für Getreide, Salz und Wein war Überlingen im Mittelalter sehr wohlhabend. Da die Stadt im Dreißigjährigen Krieg nicht zerstört wurde, sind neben Kirchen und dem Rathaus noch viele Türme, Tore, Handels- und Patrizierhäuser aus dieser Zeit erhalten.

Im 19. Jahrhundert wurde die Stadt wegen ihrer seit dem Mittelalter bekannten Mineralquelle und wegen ihrer geschützten Südlage zu einem beliebten Kurort. Hier regnet es im Jahr nur halb so viel wie in Bregenz. Entsprechend üppig ist die Pflanzenpracht entlang der Seepromenade. An deren Mitte direkt unterhalb des Münsters liegen der ehemalige Kornspeicher „Greth" (heute eine Markthalle) und der Landungsplatz, beides beliebte Treffpunkte für Jung und Alt.

* Kurstadt mit Bodensee-Therme Überlingen, zahlreichen Kurkliniken und Sanatorien
* Ehemals freie Reichsstadt, bis 1972 Kreisstadt
* Etwa 22 000 Einwohner
* Spätgotisches Münster mit ungleichem Turmpaar
* Mehrere Museen und Galerien
* Fast 4 km lange Uferpromenade an der sonnenreichen „Riviera des Bodensees"
* Stadtgarten mit Kakteen und anderen exotischen Pflanzen
* Haustierhof Reutemühle und weitere Freizeiteinrichtungen

Oben: Luftaufnahme bei Sonnenuntergang

Mitte und unten: Brunnen mit dem Schriftsteller Martin Walser hoch zu Ross

S. 30: Der Landungsplatz unterhalb des Münsters ist der Mittelpunkt der Stadt

Überlingen
Münster St. Nikolaus und das Rathaus

St. Nikolaus ist der Schutzpatron nicht nur der Kinder, sondern auch der Fischer, Seeleute und Händler. Daher benannten die Überlinger Fischer und Schiffsleute das Münster nach ihrem Schutzpatron. Mit seinem Bau wurde 1350 begonnen, im 15. und 16. Jahrhundert folgten Erweiterungen und der Ausbau des nun 78 Meter hohen nördlichen Kirchturms, der fast wie ein Leuchtturm aussieht. Der kleinere Südturm blieb dagegen seit 1444 unverändert.

Das Münster ist die größte spätgotische Kirche am Bodensee und berühmt durch den 1613 bis 1616 von Jörg Zürn und seiner Werkstatt geschaffenen vierstöckigen filigranen Hochaltar. Um ihn genauer zu betrachten, kann man ihn durch Einwurf einer Münze für ein paar Minuten beleuchten lassen.

Auch das Rathaus stammt aus dem 14. und 15. Jahrhundert. Seine größte Kostbarkeit ist der 1492 bis 1494 von Jakob Ruess geschaffene holzgetäfelte Ratssaal mit seinen geschnitzten Figuren, die die Stände des Deutschen Reichs darstellen.

S. 32: Der Blick von der Gartenterrasse des Heimatmuseums zeigt, dass das Münster außer dem alles überragenden Nordturm auch einen bescheideneren Südturm hat

Oben: Denkmal Kaiser Karl V. vor dem Rathaus

Mitte: Hochaltar von Jörg Zürn

Rechts: Wappen des Deutschen Reiches und der Stadt Überlingen im Rathaussaal

Klosterkirche Birnau

Eines der Wahrzeichen des westlichen Bodensees ist die barocke Wallfahrtskirche Birnau. Weithin sichtbar und mitten in Weinbergen zeigt ihre breite Südfront mit dem Turm zum See.

Die spätbarocke Kirche mit dem Propsteigebäude wurde 1746 bis 1750 im Auftrag des Klosters Salem als Wallfahrtskirche und als Sommersitz für die Äbte erbaut. Baumeister war Peter Thumb aus Vorarlberg. Den lichtdurchfluteten Innenraum der Kirche gestalteten zwei weitere Österreicher: der Bildhauer und Stuckateur Josef Anton Feuchtmayer und der Freskenmaler Gottfried Bernhard Göz.

Am bekanntesten ist die Birnau durch ihre zahlreichen Putten, vor allem durch den so genannten „Honigschlecker" vor dem Altar des hl. Bernhard. Dieser Bernhard von Clairvaux sorgte im 12. Jahrhundert für die Ausbreitung des Zisterzienser-Ordens, zu dem auch das Kloster Salem gehörte. Er war der berühmteste Prediger des Mittelalters, und der Honigschlecker erinnert an seine oft zitierte „honigsüße Beredsamkeit".

Oben links: Die Südfassade mit dem Propsteigebäude

Oben rechts: Weithin sichtbar ist der Turm der Birnau inmitten von Weinbergen

Rechts : Der Honigschlecker

S. 34: Barocke Pracht im lichtdurchfluteten Kirchenschiff

Schloss Salem

Das Kloster Salem wurde 1134 unter dem Namen Salomonsweiler gegründet und war lange Zeit als reichsunmittelbare Abtei das bedeutendste Zisterzienserkloster Süddeutschlands. Im Rahmen der Säkularisation gelangte es 1802 in den Besitz der Markgrafen von Baden, die es als Schloss nutzten.

Seit 1920 beherbergt der Westflügel die berühmte Internatsschule Schloss Salem, die inzwischen zusätzlich bei Überlingen die Burg Hohenfels (Unterstufe) und das neu erbaute „Salem International College" (Oberstufe) als Außenstellen betreibt.

Andere Teile des Schlosses mit Bibliothek, Kaisersaal und Prälatur sowie das gotische Münster kann man besichtigen. Ein weiterer Höhepunkt ist das 1976 gegründete Feuerwehrmuseum. Aufgrund eines verheerenden Brandes 1697 legten die Mönche vor über 300 Jahren eine vorbildliche Feuerwache an, die den Grundstock des heutigen Museums bildet. Seit April 2009 ist das Schloss im Besitz des Landes Baden-Württemberg.

S. 36 und oben: Schloss Salem

Unten: Kaisersaal

Am Affenberg

Zwischen der Wallfahrtskirche Birnau und dem ehemaligen Kloster Salem verläuft der so genannte Prälatenweg. Ungefähr auf halber Strecke liegt der Mendlishauser Hof, ein ehemaliges Hofgut des Klosters. Hier wurde 1976 ein 20 Hektar großes Waldstück eingezäunt und mit Berberaffen besiedelt. Sie stammen ursprünglich aus Marokko und leben dort in Höhen bis zu 2 000 Meter, sodass sie auch den Winter am Bodensee gut im Freien vertragen.

Über 200 dieser zutraulichen Affen bewegen sich völlig frei zwischen den Besuchern. Auf einem 600 Meter langen Rundweg können wir die Tiere aus nächster Nähe beobachten und mit gratis ausgeteiltem Popcorn füttern. Dieser unmittelbare Kontakt ohne Gitter oder Gräben bereitet nicht nur Kindern großen Spaß. Auch für uns Erwachsene ist es ein Erlebnis, die Fürsorge der Muttertiere für ihre Babys, das Herumtollen der Jungaffen und das sonstige Sozialleben unserer tierischen Verwandten in einer natürlichen Umgebung zu verfolgen.

Am Mendlishauser Hof leben im Sommer außerdem etwa 50 freifliegende Weißstörche.

Oben rechts: Jungstörche im Horst

S. 38: Der Mendlishauser Hof mit Storchennestern

Pfahlbaumuseum Unteruhldingen

* Museum seit 1922
* 23 original eingerichtete Rekonstruktionen von Pfahlbauhäusern der Bodensee-Region
* Steinzeithäuser „Riedschachen" (4000 v. Chr.) und „Sipplingen" (3500 v. Chr.)
* Bronzezeitliches Dorf „Bad Buchau" (1050 v. Chr.)
* Bronzezeitliches Dorf „Unteruhldingen" (975 v. Chr.)
* Jährlich etwa 300 000 Besucher

Das Pfahlbaumuseum zeigt Rekonstruktionen von Siedlungen aus der Jungsteinzeit vor etwa 6000 Jahren und der Bronzezeit vor etwa 3000 Jahren. Nach Ausgrabungen am Bodensee und am Federsee wurden 1922 die ersten beiden Steinzeithäuser aufgebaut. Direkt daneben wurde in den Folgejahren ein Bronzezeitdorf nach dem Vorbild der Wasserburg Buchau erstellt. Von 1999 bis 2006 kamen noch weitere Pfahlbauhäuser hinzu.

Seit 2011 gehören die Fundstellen der Pfahlbauten im Alpenraum zum Weltkulturerbe der UNESCO. Seit 2013 beginnt der Rundgang mit dem Erleben eines virtuellen Tauchgangs in der Multimedia-Schau ARCHAEORAMA.

Weitere Freizeitziele in Unteruhldingen sind z.B. das Reptilienhaus sowie das Traktormuseum im Ortsteil Gebhardsweiler.

Links: Steinzeitmann „Uhldi" vor den Pfahlbauten

Rechts: Die Pfahlbauten bei niedrigem Wasserstand

S. 40: Das Pfahlbaumuseum Unteruhldingen

Meersburg

Meersburg ist für viele die typischste Stadt am Bodensee, und die Alte Burg ist wohl das bekannteste Wahrzeichen der Bodensee-Region. Diese mittelalterliche Burg sowie das barocke Neue Schloss wurden auf einer natürlichen Terrasse inmitten von steilen Weingärten erbaut.

Die Unterstadt mit ihren malerischen Fachwerkhäusern wurde seit dem 13. Jahrhundert durch Aufschüttungen mehrfach verbreitert. Das größte Gebäude dort ist das Grethaus, ein früheres Lagerhaus mit einem Staffelgiebel direkt am Hafen. Weiter östlich folgen Tretboothafen, Minigolfplatz und die neue Meersburg-Therme.

- Malerischer Ferien- und Ausflugsort
- Etwa 5 500 Einwohner
- Älteste bewohnte Burg Deutschlands
- Neues Schloss mit Schlossmuseum und internationalen Schlosskonzerten
- Droste-Museum im „Fürstenhäusle", Bibelgalerie, Zeppelinmuseum, „Galerie Bodenseekreis" und zahlreiche weitere Museen
- Meersburg-Therme und zahlreiche weitere Freizeiteinrichtungen
- Fähre nach Konstanz und Umsteigepunkt der Weißen Flotte

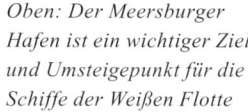

Oben: Der Meersburger Hafen ist ein wichtiger Ziel- und Umsteigepunkt für die Schiffe der Weißen Flotte

Mitte: Schiff vor der Hafeneinfahrt

Unten: Im Saunabereich der Meersburg-Therme

S. 42: Hoch über dem See und über der Unterstadt stehen die Alte Burg, das Neue Schloss und die Oberstadt von Meersburg

Meersburg
Alte Burg

Der Bau der Alten Burg wurde angeblich bereits 628 vom Merowingerkönig Dagobert I. begonnen, nach dem auch der massige Mittelturm benannt ist. Die nachfolgenden Karolinger bauten die Burg weiter aus und nutzten sie als Königs- und Kaiserpfalz. Die Burg wurde nie von Feinden erobert und gelangte 1268 in den Besitz der Fürstbischöfe von Konstanz. Wegen der Reformation musste im Jahr 1526 der damalige Bischof Konstanz verlassen, und er machte seinen bisherigen Sommersitz zur neuen Residenz.

Nach der Säkularisation kaufte 1838 der Schwager der Dichterin Annette von Droste-Hülshoff die Burg. Sie wird auch heute noch von ihren privaten Besitzern bewohnt, aber den größten Teil können wir besichtigen. Und das sind mehr als dreißig eingerichtete Räume einschließlich Burgkapelle, Rittersaal, Küche und Verlies. Wir besuchen auch die Wohnräume und das Sterbezimmer der Annette von Droste-Hülshoff, die hier von 1841 bis 1848 lebte. Einer der Barocksäle beherbergt heute ein Café mit Aussichtsterrasse, und von dort genießen wir einen der schönsten Blicke auf die Unterstadt und den See.

Oben: Blick vom Garten des Neuen Schlosses zur Alten Burg

Unten links: In der Waffenhalle der Alten Burg

Unten Mitte: Denkmal der Dichterin Annette von Droste-Hülshoff

S. 44: Die nie eroberte Alte Burg mit dem mächtigen Dagoberts-Turm

Meersburg
Neues Schloss

Die Fürstbischöfe von Konstanz blieben in Meersburg, auch als Konstanz 1548 wieder katholisch wurde. 1712 wurde mit dem langwierigen Bau des „Neuen Schlosses" begonnen, das dann ab 1750 den Bischöfen als feudalere Residenz diente.

Das Treppenhaus dieses Barockschlosses wurde nach Entwürfen von Balthasar Neumann fertig gestellt.

Das heutige Schlossmuseum zeigt in den repräsentativen Sälen des Schlosses die Wohn- und Lebenskultur der Fürstbischöfe.

Von den Innenräumen und vom Garten auf der Seeseite sehen wir auf die Unterstadt und den Bodensee hinunter, und auf dem Schlossplatz auf der Nordseite finden Märkte und Weinfeste statt.

Oben: Hafen mit Blick auf die schlossähnlichen Gebäude des Staatsweinguts (gelb) und des Gymnasiums (rot)

S. 46: Das barocke Neue Schloss war von 1750 bis 1802 Residenz der Fürstbischöfe

Mitte: Wappen der Fürstbischöfe

Unten links: Platz vor dem Neuen Schloss

Meersburg

In der Altstadt

Die Altstadt lädt uns zum Bummeln ein. Nach jedem Tor und hinter jeder Ecke öffnet sich ein neuer Ausblick auf idyllische Brunnen und Fachwerkhäuser, auf bemalte Giebel und reich verzierte Erker. Viele dieser alten Bürgerhäuser sind heute Hotels oder Restaurants. Und nur die dicken Flaschenzug-Balken über manchem Speicherfenster zeigen, dass dort oben früher die Waren der Kaufleute gelagert wurden.

Oberstadt und Unterstadt sind über zwei Wege verbunden: Entweder benutzt man eine steile Treppe entlang den Mauern der Alten Burg oder man läuft über die belebte Steigstraße mit ihren zahlreichen Gaststätten und Souvenirgeschäften.

Oben links: Auf der Steigstraße

Oben rechts: Die Unterstadtstraße lädt zum Bummeln ein

Unten: Historische Wassermühle

S. 48: Hotel zum Bären und das Obertor

Weinbau am Bodensee

Es ist nicht sicher, ob schon die Römer die ersten Weinreben an den Bodensee brachten, aber mindestens seit dem 7. Jahrhundert ist der Weinbau am Bodensee bekannt. Wegen der Höhenlage des Sees benötigt der Wein sonnige Südhänge, und die gibt es hauptsächlich am badischen Ufer zwischen der Birnau und Immenstaad. Der See sorgt als Wärmespeicher für ein ausgeglichenes Klima und einen verlängerten milden Herbst.

Zwei Rebsorten prägen den Weinbau am See: die helle Traube des Müller-Thurgau für frische Weißweine und der blaue Spätburgunder, ausgebaut zum gehaltvollen Rotwein oder zum bodenseetypischen fruchtigen Weißherbst.

Daneben ist auch der duftvolle Bacchus beliebt sowie der Ruländer, der am Bodensee zunehmend als völlig durchgegorener trockener Wein mit der Bezeichnung „Grauburgunder" verkauft und getrunken wird.

Oben: Das Weingut Haltnau bei Meersburg gehört seit fast 800 Jahren zur Spitalkellerei Konstanz

Mitte und unten: Trauben des Müller-Thurgau und des blauen Spätburgunders

S. 50: Im Seepark von Hagnau steht eine gewaltige Torkel, eine Weinpresse aus dem Jahr 1747

Hagnau

Hagnau ist ein kleiner Winzer- und Fischerort inmitten von Obst- und Weingärten geblieben. Die zentrale Lage am Bodensee, zahlreiche Wein- und Dorffeste sowie Ferienprogramme für Kinder machen Hagnau aber auch zum angenehmen Urlaubsort.

1881 gründete der Pfarrer und Schriftsteller Heinrich Hansjakob hier die erste badische Winzergenossenschaft, die die Qualität und Wirtschaftlichkeit des Weinbaus verbessern und vernünftige Preise durchsetzen konnte. Seit 1993 verzichten die knapp 100 Winzer des Winzervereins auf den Einsatz von Herbiziden und Insektiziden. Erkennbar ist dies an der gezielten Bepflanzung unter den Rebstöcken der 145 Hektar Anbaufläche.

- Idyllisches Winzer- und Fischerdorf
- Schön gelegene Cafés und Gasthäuser, komfortable Hotels, Pensionen und Ferienwohnungen
- Etwa 1 400 Einwohner
- Älteste Winzergenossenschaft Badens
- Naturstrandbad, Bootsverleih, Campingplatz
- Obst- und Weinwanderwege
- Schiffsanlegestelle

Oben: Bodenseeufer bei Hagnau

Unten: Denkmal des Pfarrers Hansjakob

S. 52: Hagnau liegt mitten in Weinbergen und Obstgärten

Immenstaad

Auch Immenstaad hat eine lange und wechselvolle Geschichte. Die Gemeinde führt den Namen „Immos Staad" (Landestelle) auf ihren alemannischen Gründer Immo zurück. Ältestes erhaltenes Bauwerk ist die romanische Kirche St. Oswald und Otmar (um 1 200) im Ortsteil Frenkenbach. Im Dorfkern gibt es auch noch einige alte Bauernhäuser, aber der Ort ist heute sehr stark geprägt durch die schnell gewachsene Einwohnerzahl infolge der Ansiedlung der Dornier Werke (heute Airbus Defence & Space) und durch den Wandel vom Fischer- und Winzerdorf zum familienfreundlichen Ferienort.

Für Gäste und Einheimische gibt es über das ganze Jahr vielfältige Veranstaltungsprogramme, und durch seine zentrale Lage ist Immenstaad ein idealer Ausgangspunkt für Ausflüge rund um den See.

- Familienfreundlicher Ferien- und Erholungsort
- Industrie am östlichen und nördlichen Rand (Airbus/Dornier u.a.)
- Etwa 6 400 Einwohner
- Strand- und Hallenbad „Aquastaad"
- Heimatmuseum im Ortsteil Kippenhausen
- Schiffsanlegestelle, Rundfahrten mit der Lädine, einem Nachbau der historischen Lastensegler, auch als „Piratenfahrten"
- Segel- und Surfschule, Bootsverleih, 3 Yachthäfen
- „Abenteuerpark" mit großem Hochseilgarten
- Skate-Anlage, Spielpark usw.
- Apfelweg und weitere Spazier- und Wanderwege

Oben: Schiffsanlegestelle

Mitte: Das Schwörerhaus von 1578 überstand bereits den Dreißigjährigen Krieg

Unten: Blick von der Schiffsanlegestelle auf St. Jodokus

S. 54: Immenstaad mit Schiffslandestelle und Yachthafen. Im Hintergrund rechts Schloss Helmsdorf mit weiterem Yachthafen und dahinter das Dornier-Werksgelände (heute Airbus Defence & Space)

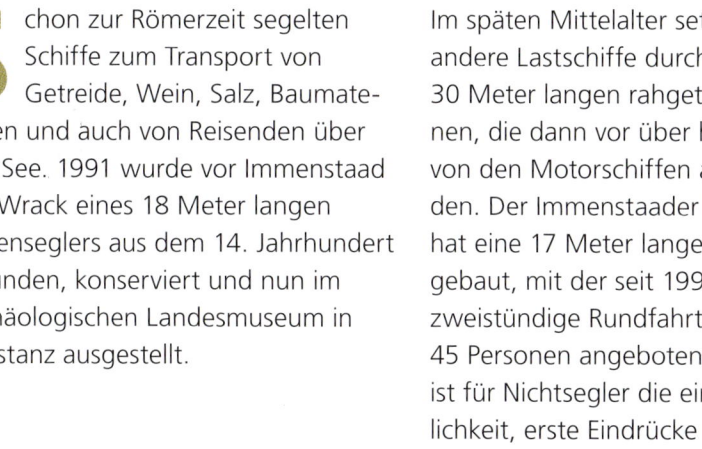

Freizeit auf dem See

Schon zur Römerzeit segelten Schiffe zum Transport von Getreide, Wein, Salz, Baumaterialien und auch von Reisenden über den See. 1991 wurde vor Immenstaad das Wrack eines 18 Meter langen Lastenseglers aus dem 14. Jahrhundert gefunden, konserviert und nun im Archäologischen Landesmuseum in Konstanz ausgestellt.

Im späten Mittelalter setzten sich dann andere Lastschiffe durch, die bis zu 30 Meter langen rahgetakelten Lädinen, die dann vor über hundert Jahren von den Motorschiffen abgelöst wurden. Der Immenstaader Lädinenverein hat eine 17 Meter lange Lädine nachgebaut, mit der seit 1999 ein- und zweistündige Rundfahrten für bis zu 45 Personen angeboten werden. Dies ist für Nichtsegler die einfachste Möglichkeit, erste Eindrücke vom Segeln auf dem See zu sammeln und etwas über die Geschichte der Schifffahrt auf dem Bodensee zu erfahren.

Erfahrenen Seglern und Surfern bietet der See ein breites Spektrum vom gemütlichen „Badesegeln" bis zu ernsthaften Herausforderungen bei stürmischem Wetter.

S. 56: Starker Wind lockt die Surfer auf den See

Oben links: Segeln bei Sonnenuntergang

Oben rechts: Die Immenstaader Lädine

Mitte: Stürmischer Bodensee

Unten: Segelregatta

Friedrichshafen

König Friedrich I. von Württemberg vereinigte 1811 die vormals freie Reichsstadt Buchhorn und das ehemalige Kloster Hofen, ließ einen größeren Hafen anlegen und gab der neuen Stadt seinen Namen. In den Folgejahren ließ er das Klostergebäude zu einem Schloss umgestalten, das von 1828 bis 1918 der Sommersitz der württembergischen Könige war und heute ein Wohnsitz der Familie Herzog von Württemberg ist.

Die mit dem Schloss verbundene Schlosskirche wurde von 1695 bis 1701 von Christian Thumb erbaut und gilt als eine der schönsten Barockkirchen Oberschwabens. Ihre beiden 55 m hohen Zwiebeltürme sind das weit erkennbare Wahrzeichen von Friedrichshafen.

- Größte Industriestadt am Bodensee, etwa 59 000 Einwohner
- Verwaltungszentrum des 1973 gebildeten Bodenseekreises
- Zeppelin Universität mit 14 Studienprogrammen und 1 200 Studenten
- Duale Hochschule Baden-Württemberg mit 15 Studiengängen
- Messe, Flughafen, Zeppelin-Halle, Autofähre, Graf-Zeppelin-Haus
- Zeppelin Museum, Dornier Museum, Schulmuseum
- Bekanntestes Wahrzeichen: Die Türme der barocken Schlosskirche
- Jährliches Seehasenfest und weitere Feste

Oben: Blick auf Schloss und Schlosskirche

Unten: Altar der Schlosskirche

S. 58: Uferpromenade von Friedrichshafen

Friedrichshafen
Uferpromenade und Museen

Wir fahren mit dem Schiff nach Friedrichshafen und gehen von der Anlegestelle hinüber zu dem großen weißen Gebäude des ehemaligen Hafenbahnhofs, das seit 1996 das Zeppelin-Museum „Technik und Kunst" beherbergt. Mehrere Millionen Menschen besuchten bisher dieses weltgrößte Museum zur Technik und Geschichte der Luftschifffahrt und besichtigten dabei die Salons und Passagierkabinen eines 33 Meter langen rekonstruierten Teils des Luftschiffs LZ 129 Hindenburg.

Am anderen Ende der Uferpromenade liegt das Graf-Zeppelin-Haus, das Veranstaltungs- und Kulturzentrum von Friedrichshafen. Dort in der Nähe ist auch das Schulmuseum.

Das neueste Großmuseum ist das 2009 eröffnete „Dornier Museum Friedrichshafen" (am Flughafen) mit mehr als 400 Exponaten zur Luft- und Raumfahrttechnik und zu weiteren Arbeitsgebieten der früheren Firma Dornier.

Oben: Feuerwerk beim Seehasenfest

Mitte: Im Stadtgarten

Unten: Dornier Museum Friedrichshafen

S. 60: Altstadt mit Uferpromenade, vorne der Gondelhafen und die St. Nikolaus-Kirche, hinten der Schiffs- und Fährehafen mit dem weißen Gebäude des Zeppelin Museums

Friedrichshafen
Die „Messe- und Zeppelinstadt"

Die Geschichte der heutigen Industrie in Friedrichshafen begann damit, dass Graf Ferdinand von Zeppelin Ende des 19. Jahrhunderts vom damaligen württembergischen König ein Grundstück in Manzell zum Bau einer Luftschiffwerft erhielt. Am 2. Juli 1900 startete in der Bucht davor das 128 Meter lange erste lenkbare Luftschiff LZ 1 zu einer abendlichen Fahrt, die nach 18 Minuten vor Immenstaad endete.

In der Folge entstanden die Luftschiffmotorenbau GmbH (später Maybach, heute Rolls-Royce Power Systems), die Zahnradfabrik Friedrichshafen (heute ZF), die Dornier-Werke (heute Teil von Airbus Defence & Space) und der weit verzweigte Zeppelin-Konzern. Nach dem Ende der Ära der bis zu 245 Meter langen Groß-Zeppeline dauerte es 60 Jahre bis zum Erstflug eines Luftschiffs „Neuer Technologie" im September 1997.

Über 10 000 Fluggäste im Jahr können nun in Rundflügen mit dem „Zeppelin NT" die Aussicht auf den Bodensee aus niedriger Höhe genießen.

Zahlreiche Hotels, der internationale Flughafen und die Messe Friedrichshafen vervollständigen die Infrastruktur der „Messe- und Zeppelinstadt" Friedrichshafen.

Oben links: Bei Rundflügen mit dem 75 Meter langen Zeppelin NT können bis zu 13 Passagiere die Sehenswürdigkeiten am Bodensee aus der Vogelperspektive bewundern

Oben Mitte: Dieser Brunnen vor dem Rathaus symbolisiert die Produkte der Friedrichshafener Industrie

Oben rechts: Segelboote auf dem Messesee während der größten Messe INTERBOOT

Mitte: Denkmal des Grafen vor dem Graf-Zeppelin-Haus

S. 62: Messe Friedrichshafen, dahinter die Zeppelin-Werft

Schifffahrt auf dem Bodensee

Die moderne Schifffahrt auf dem Bodensee begann 1824 mit der Inbetriebnahme des Dampfschiffes „Wilhelm" in Friedrichshafen, das von dort nach Romanshorn und Rorschach fuhr. Ebenfalls in Friedrichshafen erreichte 1847 die erste Bahnstrecke den Bodensee, die viel besungene „Schwäb'sche Eisenbahn". In den Jahren danach folgten weitere Bahnlinien mit Endstationen in Romanshorn, Lindau und Konstanz. Da es für mehrere Jahrzehnte keine durchgehende Bahnverbindung am Seeufer entlang gab, entwickelte sich zwischen diesen vier Städten ein reger Schiffsverkehr mit Personenschiffen. Ab 1869 wurden daran auch antriebslose „Trajektkähne" angehängt, die mehrere Eisenbahn-Güterwaggons trugen.

1928 wurde die Autofähre zwischen Konstanz-Staad und Meersburg eröffnet, 1929 die von Friedrichshafen nach Romanshorn, die bis 1976 auch Eisenbahnwaggons beförderte. Neben diesen beiden Fährlinien und mehreren tausend privaten Booten gibt es rund 30 Fahrgastschiffe der „Weißen Flotte".

Seit dem Sommer 2005 verbinden die Katamarane „Constanze", „Fridolin" und „Ferdinand" die Städte Konstanz und Friedrichshafen im Stundentakt.

Oben: Der Katamaran Fridolin an der Hafeneinfahrt Friedrichshafen

Unten: Das Bodenseeschiff MS Schwaben (Baujahr 1937), im Hintergrund der Säntis

S. 64: Die Autofähre Euregia und ein Katamaran im Hafen von Friedrichshafen. Das Gebäude des ehemaligen Hafenbahnhofs beherbergt seit 1996 das Zeppelin Museum.

Eriskirch

Eriskirch ist ein kleines Dorf an der von Ravensburg kommenden Schussen, das den Trubel manch anderer Urlaubsorte vermieden hat und eher bauernhofnahe Ferien bietet. Über die Schussen führt eine alte überdachte Holzbrücke. Zwischen dem Ort und dem Bodensee liegt das Eriskircher Ried, ein etwa einen Kilometer breiter Streifen Naturschutzgebiet mit ausgedehnten Moor- und Schilfbereichen. Ab Ende Mai blühen dort die Sibirischen Schwertlilien.

Wahrzeichen von Eriskirch ist die gotische Marienkirche mit ihrem weithin sichtbaren spitzen Turm. Diese Pfarr- und Wallfahrtskirche wurde um das Jahr 1400 gebaut und nach dem Dreißigjährigen Krieg teilweise erneuert. Die heute sichtbaren Fresken, die Glasmalereien der Fenster und die Madonnenfiguren sind aus dem 15. Jahrhundert erhalten geblieben.

Oben: Der Turm der Kirche „Unserer Lieben Frau" ist weithin sichtbar

Unten links: Sibirische Schwertlilien blühen ab Ende Mai im Ried

Unten rechts: Altarraum der Marienkirche mit alten Fresken

S. 66: Eine malerische Holzbrücke überspannt die Schussen

Tettnang

Mitten in Obstgärten und Hopfenplantagen liegt die alte Kreisstadt Tettnang. Vom 13. bis zum 18. Jahrhundert herrschten hier die Grafen von Montfort. Auf einer Anhöhe erbauten sie von 1712 bis 1720 das prächtige Neue Schloss. Die aufwendigen langjährigen Restaurierungsarbeiten nach einem Brand im Jahr 1753 führten zu so hohen Schulden, dass der letzte der Montfort-Grafen das Schloss an Österreich übergeben musste.

- Ehemalige Kreisstadt (bis 1972) im Mittelpunkt eines Obst- und Hopfen-Anbaugebiets
- Bis 1780 Residenz der Grafen von Montfort, danach österreichischer, bayerischer und württembergischer Verwaltungssitz
- Etwa 18 000 Einwohner
- Hopfenmuseum und Hopfenpfad, Schlossmuseum, Montfortmuseum, Elektronikmuseum
- Umfangreiches Kulturangebot

Der bekannte Tettnanger Hopfen wird auf rund 1300 Hektar Fläche angebaut, und jährlich werden etwa 40 000 Zentner zur Herstellung von Spitzenbieren in alle Welt exportiert.

Außerdem werden jedes Jahr fast 200 000 Zentner Obst umgeschlagen, und der Tettnanger Spargel wird nicht nur in den zahlreichen Hotels und Gaststätten der Stadt gerne gegessen.

Oben: Torschloss und eines der durch seine Spargelspezialitäten bekannten Restaurants

Unten: 40 000 Zentner Hopfendolden und 200 000 Zentner Obst werden jährlich vermarktet

S. 68: Das prunkvolle Neue Schloss aus dem 18. Jahrhundert überragt die Obst- und Hopfengärten

Langenargen

Langenargen liegt zwischen den Mündungen von Schussen und Argen. Wahrzeichen ist das weit sichtbare Schloss Montfort auf einer Halbinsel. Dort gab es ursprünglich die Wasserburg Argen der Grafen von Montfort, die nach Aussterben dieses Adelshauses verfiel und als Steinbruch genutzt wurde. Ab 1861 ließ König Wilhelm I. auf dem Gelände der Burg das jetzige Schloss im damals modernen „maurisch-italienischen" Stil erbauen.

Über die Argen führt die älteste Kabelhängebrücke Deutschlands. Sie wurde 1896 bis 1898 von Karl Leibbrand mit einer Spannweite von 72 Metern erbaut. Da ihr Konstrukteur später bei Entwurf und Bau der Golden Gate Bridge (1933 bis 1937) in San Francisco mitwirkte, entstand das Gerücht, die Golden Gate Bridge wäre nur ein vergrößerter Nachbau dieser unter Denkmalschutz stehenden schwäbischen Brücke.

- Ferienort in der Nähe der Argen-Mündung
- Etwa 8 000 Einwohner
- Schloss Montfort mit Restaurant, Veranstaltungsräumen und besteigbarem Turm
- Strandbad, Hallenbad, Sportzentrum
- Staatliches Institut für Seenforschung
- Fischbrutanstalt
- Museum Langenargen
- Jährliche „Match-Race"-Segelregatta
- Kulturzentrum „Münzhof" und vielfältige Veranstaltungsprogramme

Oben: Bei Langenargen überspannt die älteste Kabelhängebrücke Deutschlands die Argen

Unten: Rast am Seeufer

S. 70: Das weit sichtbare Schloss Montfort ist das Wahrzeichen des Ferienorts

Kressbronn, Nonnenhorn & Wasserburg

Über eine der Argenbrücken gelangt man nach Kressbronn (etwa 8 300 Einwohner), einem Urlaubsort mit Obst-, Hopfen- und Weinanbau. Im ehemaligen Patrizierhaus Schlössle zeigt das Museum „Schwimmende Kunstwerke", nämlich Modelle historischer Schiffe.

Der nächste Ort in Richtung Lindau ist das zu Bayern gehörende Nonnenhorn, ein Weindorf und Luftkurort mit 1 700 Einwohnern. Zu den Sehenswürdigkeiten zählen die St. Jakobus Kapelle aus dem 13. Jahrhundert, der Weintorkel von 1591, das Dorfmuseum und die Fischbrutanstalt.

Wesentlich bekannter ist der Nachbarort Wasserburg (3 600 Einwohner), ebenfalls ein familienfreundlicher Luftkurort. Schon von Weitem sehen wir die Pfarrkirche St. Georg mit ihrem barocken Zwiebelturm und das alte Schloss aus dem 14. Jahrhundert auf der malerischen Halbinsel.

Ursprünglich war die Halbinsel eine Insel, und eine Zugbrücke verband das Schloss mit dem Festland. Als diese Brücke im 18. Jahrhundert verfiel, war den Schlossbesitzern eine neue Brücke zu teuer, und sie ließen den Graben zwischen Insel und Festland zuschütten. Heute dient das Schloss als Hotel, und die Halbinsel wurde um einen kleinen Hafen und die Schiffsanlegestelle erweitert.

Oben links: Wochenmarkt in Kressbronn

Oben rechts: „Schwimmende Kunstwerke" im Museum Kressbronn

Unten rechts: Alte Schilder in Nonnenhorn

S. 72: Blick auf die malerische Halbinsel Wasserburg

Lindau

Lindau ist die südwestlichste Stadt des Freistaates Bayern und ein bedeutendes Fremdenverkehrszentrum am Bodensee. Der Kern von Lindau ist die Insel mit der historischen Altstadt und dem Seehafen.

- Größte bayerische Stadt am See
- Etwa 25 000 Einwohner
- Historische Altstadt auf der 0,68 km² großen Insel
- Bekanntestes Wahrzeichen: Hafen-Einfahrt mit Leuchtturm und bayerischem Löwen
- Historisches Altes Rathaus, zahlreiche Kirchen und Türme der mittelalterlichen Stadtbefestigung
- Stadttheater, Marionettenoper, Stadtmuseum
- Tagungs- und Kongresszentrum, Spielbank
- Jährliche Nobelpreisträger-Tagung
- Spaßbad „Limare", mehrere Freibäder, Kunsteisbahn

In einer Urkunde von 882 wird Lindau (Linden-Insel) erstmals als Name eines Frauenklosters erwähnt. 1079 wurde das Marktrecht verliehen und 1396 wurde Lindau freie Reichsstadt. Größtes Ereignis des ausgehenden Mittelalters war 1496/97 der Reichstag im Alten Rathaus. An den damaligen Einzug der Fürsten erinnert ein Freskenband auf der Südfassade dieses Rathauses.

Oben: Die Maximilianstraße ist die schönste Einkaufsstraße der Insel

Unten: Das Freskenband auf dem Alten Rathaus zeigt den Einzug Herzog Philipps von Burgund, der seinen Vater Kaiser Maximilian I. vertrat

S. 74: Das Dampfschiff Hohentwiel in der Hafeneinfahrt

Lindau
Altstadt auf der Insel

Die Insel ist über die Seebrücke und den Eisenbahndamm mit dem Festland verbunden. Dazwischen liegt der „kleine See", ein beliebter Schlittschuhplatz in kalten Wintern. Am Rand der Altstadt sind noch mehrere Türme der mittelalterlichen Stadtbefestigung erhalten geblieben. Eine ungewöhnliche Form hat der Diebsturm mit seinen vier kleinen Erkern an der Turmspitze. Ganz in der Nähe finden wir auch die Peterskirche, die älteste Kirche Lindaus (um 1000).

Am Marktplatz stehen die evangelische Stephanskirche und das katholische Münster Unserer Lieben Frau dicht nebeneinander. Die ältere Stephanskirche wurde ab 1780 barock umgebaut, das Münster wurde in der Mitte des 18. Jahrhunderts am Platz des 1728 abgebrannten romanischen Münsters errichtet.

Ebenfalls am Marktplatz steht das schönste der Bürgerhäuser, das „Haus zum Cavazzen". Es wurde um 1729 erbaut und beherbergt heute das Lindauer Stadtmuseum. Weitere, zum Teil reich bemalte Bürgerhäuser aus dem 15. bis 18. Jahrhundert sehen wir in der Maximilianstraße und den anderen Straßen der Fußgängerzone.

Unten: Lindauer Fasnachtsfiguren am Narrenbrunnen

Oben: Der Diebsturm mit den vier spitzgetürmten Erkern wird auch Malefizturm genannt und war im Mittelalter das Stadtgefängnis

Mitte: Eines der Hotels an der Seepromenade

S. 76: Die Insel Lindau und die Bregenzer Bucht

Lindau
Der Seehafen

Der neue Seehafen wurde 1856 fertig gestellt. Er verband für viele Jahrzehnte das bayerische Eisenbahnnetz mit den anderen Städten des Bodensees und war ein wichtiger Hafen für die Verladung von Eisenbahnwaggons auf so genannte Trajektkähne, die an die Kursschiffe angehängt wurden.

Die Hafeneinfahrt mit dem 33 Meter hohen Leuchtturm und dem gegenüber sitzenden bayerischen Löwen ist inzwischen zum bekanntesten Wahrzeichen von Lindau geworden.

Der Alte Leuchtturm (Mangturm) mit seinen farbigen Dachziegeln stammt aus dem 13. Jahrhundert und war im Mittelalter Teil der Stadtbefestigung. Beide Türme können auch bestiegen werden, und von dort haben wir einen herrlichen Rundblick über die Altstadt und den Bodensee.

Oben: Leuchtturm und bayerischer Löwe begrüßen seit 1856 die einfahrenden Schiffe und Boote

Unten: Hafeneinfahrt bei Nacht

S. 78: Der bayerische Löwe und im Hintergrund der Mangturm

Bregenz

Im Jahr 15 v. Chr. eroberten römische Soldaten das keltische Brigantion und gründeten den Handels- und Militärstützpunkt Brigantium. Die mittelalterliche Altstadt ist die heutige Oberstadt mit kopfsteingepflasterten Gassen, alten Kirchen und dem wuchtigen zwiebelgekrönten Martinsturm.

- Hauptstadt des österreichischen Bundeslandes Vorarlberg seit 1918
- Textil-, Nahrungsmittel- und Maschinenindustrie
- Etwa 28 000 Einwohner
- Zur Römerzeit als „Brigantium" wichtige Hafenstadt
- Bekannt durch die Bregenzer Festspiele auf der Seebühne
- Vorarlberg Museum, Kunsthaus, weitere Museen und Theater
- Seehallenbad, Strandbad

1523 wurde Bregenz habsburgisch, und der Schwerpunkt der Stadt wanderte immer mehr von der Oberstadt hinunter zum Seeufer. Dort steht auch die Seebühne der weltberühmten Bregenzer Festspiele mit rund 7 000 Sitzplätzen. So können jedes Jahr bis zu 200 000 Zuschauer dem „Spiel auf dem See" folgen.

Oben: Die „Sonnenkönigin" mit Ballsaal oder Theatersaal für bis zu 1 000 Gäste vor dem alten Postamt und dem modernen Kunsthaus

Unten: Der Martinsturm mit seiner Zwiebelhaube wurde ursprünglich als Speicher errichtet und um 1600 zum Wachtturm umgebaut

S. 80: Die Seebühne der Bregenzer Festspiele mit dem Bühnenbild für die Oper „Turandot" von Giacomo Puccini. Tagsüber kann die Bühne besichtigt werden.

Der Pfänder

Der Pfänder (1 064 m) ist der „Hausberg" von Bregenz, eine Kabinenseilbahn bringt uns in sechs Minuten von der Stadt zum Gipfel. Dort erwartet uns nicht nur ein Panoramarestaurant und eine herrliche Aussicht auf den Bodensee, sondern auch ein Alpenwildpark.

Beim Spaziergang durch diesen Wildpark können wir Hirsche, Murmeltiere, Steinböcke und andere Tiere der Alpen in ihrem natürlichen Lebensraum beobachten. Eine besondere Attraktion ist die Greifvogel-Flugschau. In einer 40 Minuten dauernden Vorführung fliegen unterschiedliche Vogelarten im Aufwind des Pfänderhangs, und ihr Verhalten und ihre Lebensgewohnheiten werden ausführlich erläutert.

Der Pfänder mit Alpenwildpark und der „Adlerwarte Pfänder" ist der „Hausberg" von Bregenz

S. 82: Großraumkabinen der Panoramaseilbahn führen auf den 1 064 Meter hohen Pfänder

Rheindelta

Vom Pfänder überblicken wir das Rheindelta und die dahinter liegenden Schweizer Berge. Am südwestlichen Stadtrand von Bregenz mündet die Bregenzer Ach in den See und hinter dem Ort Hard dann die Dornbirner Ach und der kanalisierte „Neue Rhein". Der Rhein führt gewaltige Mengen Sedimente mit sich, die den Bodensee in etwa 15 000 Jahren aufgefüllt haben werden. Das Rheindelta ist weitgehend unbesiedelt und der Lebensraum zahlreicher Wasservögel.

Der Ort Hard ist auch der Heimathafen der „Hohentwiel", des einzigen verbliebenen Raddampfers auf dem Bodensee. Sie machte am 1. Mai 1913 ihre Jungfernfahrt und wurde im November 1962 „ausgemustert". Nach ein paar Jahren als „Clubheim" und unschönen Umbaumaßnahmen drohte die Verschrottung. Zur Rettung dieses Dampfschiffs wurde der Verein „Internationales Bodensee-Schifffahrtsmuseum" gegründet und das Schiff nach den Plänen von 1913 restauriert. Seit Mai 1990 fährt die Hohentwiel wieder auf dem See und erinnert an die große Ära der Dampfschiffe.

Oben: Der Salon-Dampfer „SD Hohentwiel" stammt aus dem Jahr 1913 und ist das letzte noch erhaltene Dampfschiff auf dem Bodensee

Mitte: Schiffsglocke der Hohentwiel

Unten: An der Mündung des „Alten Rheins"

S. 84: Weit in den See hinein ragt die Mündung des kanalisierten „Neuen Rheins". Rechts davon erstreckt sich die Verlandungszone des Rheindeltas mit den Halbinseln Rohrspitz und Rheinspitz und der dahinter versteckten Mündung des „Alten Rheins"

Altenrhein und Rorschach

Der „Alte Rhein" bildet die Grenze zur Schweiz. Gleich dahinter liegt der kleine Ort Altenrhein mit einem Flugplatz und einem Fliegermuseum. Seine neueste Sehenswürdigkeit ist die Markthalle nach einem Entwurf von Friedensreich Hundertwasser.

Rorschach war der Hafen des Klosters St. Gallen und erhielt im Jahr 947 das Markt-, Münz- und Zollrecht. Das Wahrzeichen Rorschachs ist das Kornhaus am Hafen, das von 1746 bis 1748 erbaut wurde. Es diente lange Zeit als Getreidelagerstätte für den Weizen und anderes Getreide aus Süddeutschland, das mit Lädinen über den Bodensee transportiert wurde. 1824 kam zum ersten Mal ein Bodensee-Dampfschiff mit 800 Zentnern beladen von Friedrichshafen nach Rorschach. 1856 erhielt Rorschach Anschluss an das Eisenbahnnetz, und seit 1875 gibt es eine Zahnradbahn, mit der man in halbstündiger Fahrt das 400 Meter höher liegende Biedermeierdorf Heiden erreichen kann.

Rorschach
* Einzige Hafenstadt des Kantons St. Gallen
* Etwa 9 000 Einwohner
* Museum im Kornhaus, Festungsmuseum Heldsberg
* Würth Haus Rorschach mit Kunstforum
* „Badhütte Rorschach" und andere Schwimmbäder
* Zahnradbahn nach Heiden mit modernen Triebwagen oder mit dem „Nostalgie-Dampfzug"
* See- und Flussschifffahrt nach Rheineck
* Jährliches Sandskulpturenfestival am Seeufer

Die Zahnradbahn nach Heiden hat außer modernen Triebwagen auch einen Nostalgie-Dampfzug mit der Lokomotive „Rosa" und 5 offene Personenwagen

Oben: Markthalle Altenrhein nach einem Entwurf von Friedensreich Hundertwasser

Mitte: Das Kornhaus am Hafen ist das Wahrzeichen von Rorschach

S. 86: Blick auf die Rorschacher Bucht

87

Arbon

Im 1. Jahrhundert nach Christus eroberten die Römer die keltische Siedlung Arbona und bauten um das Jahr 280 auf der strategisch günstigen Landzunge das Kastell Arbor Felix. Als um 610 irische Wandermönche Arbon erreichten, fanden sie eine aus der Römerzeit erhalten gebliebene christliche Gemeinde vor. Der Mönch Gallus blieb und errichtete weiter südlich eine Klause, aus der um 720 das Kloster St. Gallen entstand.

Die Stadt Arbon gelangte im Mittelalter in den Besitz der Fürstbischöfe von Konstanz, die um 1515 das Schloss erbauen ließen. Der wirtschaftliche Aufschwung begann im 17. Jahrhundert mit der Leinwandherstellung und dem internationalen Leinwandhandel. Vor gut hundert Jahren wurde Arbon dann zum Zentrum der Ostschweizer Maschinen- und Textilindustrie.

- Größte Industriestadt des Kantons Thurgau
- Etwa 14 000 Einwohner
- Altstadt mit mittelalterlichen Gebäuden
- Historisches Museum im Schloss Arbon, Saurer-Oldtimer-Museum, Saft- und Brennerei-Museum
- Über 3 km Seeufer mit Parkanlagen, Schwimmbädern, Häfen usw.

Oben: Blick vom Alten Hafen auf die katholische Kirche St. Martin

Unten: Fachwerkhaus aus dem 17. Jahrhundert

S. 88: Der so genannte „Römerhof" war ein Eckturm der Stadtmauer aus dem 13. Jahrhundert

89

Romanshorn, St. Gallen und der Säntis

Romanshorn liegt verkehrstechnisch sehr zentral am Schweizer Bodenseeufer und entwickelte sich mit dem Bau des größten Hafens am Bodensee (1841) und des Bahnanschlusses (1855) vom kleinen Fischerdorf zum Verkehrsknotenpunkt und Güterumschlagplatz. Die zentrale Lage macht Romanshorn aber auch zu einem idealen Ausgangspunkt für Ausflüge mit Fahrrad, Schiff, Bahn oder Auto rund um den Bodensee und in die Schweizer Voralpen.

Romanshorn
* Wichtiger Verkehrsknotenpunkt und zentral gelegener Ferienort
* Etwa 10 000 Einwohner
* Größter Hafen am Bodensee und Heimathafen der Schweizer Bodenseeflotte
* Autofähre von und nach Friedrichshafen
* Zahlreiche Freizeiteinrichtungen

Eines unserer Ziele ist St. Gallen mit der barocken Kathedrale und der weltberühmten Stiftsbibliothek.

Etwas weiter geht es zum 2 502 Meter hohen Säntis. Mit einer modernen beheizbaren Seilbahn-Kabine (Baujahr 2000) fahren wir von der Schwägalp im Appenzellerland in wenigen Minuten zum Gipfel, wo uns das Panorama-Restaurant und mehrere Aussichtsterrassen erwarten. Seit 1995 steht auf dem Gipfel ein 123 Meter hoher nadelförmiger Sendeturm, den man bei klarem Wetter auch vom nördlichen Bodenseeufer aus über 40 km Entfernung erkennen kann.

Oben: Stiftsbibliothek und Kathedrale des Klosters St. Gallen

Unten: Blick von der Autofähre Friedrichshafen-Romanshorn auf die Stadt Romanshorn

S. 90: Bei klarem Wetter ist der Säntis (2 502 m) auch aus über 40 km Entfernung vom nördlichen Bodenseeufer gut zu sehen. Vorne am See Romanshorn, dahinter Stadtteile von St. Gallen

Insel Reichenau

Über Kreuzlingen gelangen wir wieder nach Konstanz, und von dort den See-Rhein entlang zum Untersee. Dieser hat ungefähr ein Achtel der Gesamtfläche des Bodensees, ist nicht so tief wie der Obersee und mitten drin liegt die Insel Reichenau (= reiche Insel). Sie gilt als eine der „Wiegen abendländischer Kultur" und ist bekannt durch ihre drei romanischen Kirchen und den Gemüseanbau im Freien und in zahlreichen Gewächshäusern. Die UNESCO hat am 30. November 2000 die Insel Reichenau in die Liste des Weltkulturerbes aufgenommen.

Seit 1838 führt ein zwei Kilometer langer Damm mit einer Pappel-Allee vom Festland zur Insel. An ihrem Rand begrüßt uns eine Statue des Bischofs Pirmin, der im Jahre 724 mit vierzig Mönchen das erste Kloster auf der Insel gründete. Spätere Äbte waren gleichzeitig Kanzler, Berater und Prinzenerzieher bei Kaiser Karl dem Großen und seinen Nachfolgern.

- Etwa 4,3 km² große Insel im Untersee
- Erste Klostergründung 724 durch den Wanderbischof Pirmin
- 3 Ortsteile mit 3 berühmten romanischen Kirchen und Museen
- Gemüseanbau auf 2,4 km², davon 0,5 km² unter Glas
- Jährliche Ernte von über 18 000 t Frischgemüse
- Weinbau auf etwa 0,2 km²
- Seit 1838 über einen Damm mit dem Festland verbunden
- Zahlreiche Hotels, Pensionen und Ferienwohnungen

Oben: Blick vom Schweizer Seeufer zur Reichenau und zum Gnadensee

Mitte: Bischof Pirmin am Rand der Pappelallee

Unten: Gemüseanbau auf der Insel

S. 92: Mitten im Untersee liegt die Insel Reichenau

Insel Reichenau

Drei romanische Kirchen

Die drei romanischen Kirchen stammen aus dem 9. bis 11. Jahrhundert, als das Kloster mit seiner bedeutenden Bibliothek und seinen Schulen die abendländische Kultur prägte.

Das Münster St. Maria und Markus in Mittelzell ist die ehemalige, mehrfach vergrößerte Klosterkirche, deren ältester Teil bereits 816 geweiht wurde. Zu ihr gehört auch eine reiche Schatzkammer und seit 1991 wieder ein Kräutergarten, wie ihn Abt Strabo vor fast 1200 Jahren in einem Lehrgedicht beschrieb.

Die dreischiffige Säulenbasilika St. Georg in Oberzell stammt aus der Zeit um das Jahr 900. Sie ist berühmt für ihre

Wandmalereien aus dem 10. Jahrhundert und die Reliquie des Hauptes des hl. Georg.

St. Peter und Paul in Niederzell wurde um das Jahr 1100 erbaut. Wertvollstes Kunstwerk dieser Kirche ist das große Wandbild in der Ost-Apsis mit Christus als Pantokrator (Allherrscher) über den Aposteln und Propheten. Es wurde um 1110 gemalt und ist das letzte große Werk der Reichenauer Malerschule, das erhalten geblieben ist.

Romanische Kirchen (links oben St. Georg und rechts oben St. Peter und Paul) und der Gemüseanbau charakterisieren die Insel Reichenau

Oben Mitte: Christus als Allherrscher in der Ost-Apsis von St. Peter und Paul

Mitte: Die Wandmalereien in St. Georg stellen Wundertaten Jesu dar

S. 94: Das Münster St. Maria und Markus wurde im Lauf der Jahrhunderte mehrfach vergrößert. Im Vordergrund ein Kräutergarten nach mittelalterlichem Vorbild

Untersee und Allensbach

Der Untersee rund um die Insel Reichenau wird durch drei Höhenzüge begrenzt: den Bodanrück im Norden, den Schweizer Seerücken im Süden und den Schiener Berg mit der Halbinsel Höri im Westen. Der Seebereich nördlich der Reichenau wird „Gnadensee" genannt, der Bereich südlich von Radolfzell und der Halbinsel Mettnau „Zeller See".

Große Teile des Uferbereichs sind Feucht- und Überschwemmungsgebiete. Das fast 8 km² große Wollmatinger Ried und weitere Flächen sind als Naturschutzgebiet ausgewiesen. Dort wurden rund 300 Vogelarten beobachtet und etwa 600 Pflanzenarten gezählt, darunter auch mehrere Orchideenarten.

Direkt gegenüber der Insel Reichenau liegt am Nordufer des Gnadensees der Ort Allensbach, weltweit bekannt durch das 1947 gegründete „Institut für Demoskopie Allensbach".

Der Untersee
* Teil des Bodensees mit etwa 63 km²
* Davon etwa 10 km² Flachwasserzonen als Naturschutzgebiete ausgewiesen
* Größte Tiefe 46 m
* Städte am deutschen Ufer: Allensbach mit dem weltbekannten Institut für Demoskopie, Radolfzell, Moos, Gaienhofen mit dem Hermann-Hesse-Museum, Hemmenhofen mit dem Otto-Dix-Haus
* Städte am schweizerischen Ufer: Ermatingen, Mannenbach, Berlingen, Steckborn
* Wild- und Freizeitpark Allensbach

Oben links: Das Hauptgebäude des Instituts für Demoskopie ist ein ehemaliges Bauernhaus aus dem 17. Jahrhundert

Oben rechts: Zentrum von Allensbach

Unten: Zu Allensbach gehört auch das Kloster Hegne der Barmherzigen Schwestern vom Heiligen Kreuz

S. 96: Blick von Allensbach über den Gnadensee zur Insel Reichenau

Radolfzell

Radolfzell ist die größte Stadt am Untersee und verdankt ihren Namen dem Veroneser Bischof Radolf, der hier in unmittelbarer Nähe des Klosters Reichenau im Jahr 826 ein paar Häuser und eine Kirche bauen ließ. Zusammen mit den Markusreliquien für das Münster der Insel Reichenau brachte er um 830 für seine Kirche die Reliquien der kleinasiatischen Heiligen Theopontus und Senesius mit. Im 11. Jahrhundert kam noch eine Reliquie des hl. Zeno aus Verona dazu. Mit diesen drei „Hausherren", die ähnlich wie die Heiligen Drei Könige dargestellt und verehrt werden, wurde Radolfzell zu einem bedeutenden Wallfahrtsort.

Radolfzell erhielt 1267 die Stadtrechte und gehörte von 1298 bis 1805 den Habsburgern. Erst der Anschluss an das Eisenbahnnetz 1863 führte zur Ansiedlung von Industriebetrieben und zum Wachstum auf die heutige Größe.

* Größte Stadt am Untersee
* Etwa 30 000 Einwohner
* Autofreie Altstadt, Seepromenade, Museen und Kulturzentrum
* Halbinsel Mettnau mit Kurzentrum „Heilung durch Bewegung" und 1,4 km² Naturschutzgebiet
* Vielfältige Sport- und Freizeiteinrichtungen
* Jährliches „Hausherrenfest" sowie Wasserprozession in Moos

*Mitte und oben links:
Auf der Halbinsel Mettnau*

*S. 98 und oben rechts:
Das spätgotische Münster mit der erst 1903 erbauten 82 Meter hohen Turmspitze steht im Mittelpunkt der Altstadt*

Singen am Hohentwiel

Westlich von Radolfzell (und damit nicht mehr direkt am Bodensee) liegt der Hegau mit zahlreichen Kegelbergen erloschener Vulkane. Der bekannteste davon ist der Hohentwiel (689 m) mit der größten Festungsruine Deutschlands. Dort gründeten im Jahr 914 schwäbische Adelige eine Burg, die lange Zeit als uneinnehmbar galt und im Dreißigjährigen Krieg allen fünf feindlichen Angriffen widerstand. Am 1. Mai 1800 musste die Festung kampflos an die napoleonische Armee übergeben und anschließend zerstört

Ruinen der Festung Hohentwiel

S. 100: Die Stadt Singen und dahinter der Hohentwiel

- Moderne Industrie- und Einkaufsstadt
- Etwa 45 000 Einwohner
- Zahlreiche Großbetriebe
- Museen, Kunsthalle, Theater, Kulturzentrum
- Jährliches Hohentwiel-Fest mit Musik- und Kleinkunstfestival in der Burgruine

werden. Im späten 19. Jahrhundert wurde dann die „romantische" Ruine für den Tourismus wieder entdeckt.

Der Ort Singen wurde bereits 787 urkundlich erwähnt, konnte sich aber im Schatten der übermächtigen Burg Hohentwiel nicht weiter entwickeln. Erst mit dem Ausbau zum Eisenbahnknotenpunkt und nach Ansiedlung der ersten Großbetriebe (Maggi 1887) wurde Singen 1899 zur Stadt erklärt.

Halbinsel Höri

Südlich von Singen erhebt sich der Schiener Berg bis zu 300 Meter über den Seespiegel. Er bildet mit seinen Uferbereichen die Halbinsel Höri. Die kleinen ländlichen Dörfer der Höri wurden zu drei Gemeinden mit jeweils rund 3000 Einwohnern zusammengefasst: Moos im Norden, Gaienhofen in der Mitte und Öhningen im Südwesten. Die einzelnen Dörfer sind von Feldern und Obstgärten umgeben, nicht bewirtschaftete Uferbereiche zwischen den Orten sind heute Naturschutzgebiete.

Die idyllische Lage der Höri und ihre frühere Abgeschiedenheit haben zahlreiche Künstler angelockt. Die bekanntesten waren Hermann Hesse, der einige Jahre in Gaienhofen lebte, und Otto Dix, der sich in Hemmenhofen niederließ. Beiden Künstlern sind Museen gewidmet, und auch in unseren Tagen leben zahlreiche Kunstschaffende auf der Höri. So liegt es nahe, dass die Gemeinden der Höri ihren heutigen Feriengästen und Besuchern ein vielfältiges Kunst- und Literaturprogramm mit Malkursen, Dichterlesungen und literarischen Wanderungen anbieten können.

Oben: Sonnenuntergang mit Blick auf die Höri

Unten links: Fachwerkhäuser in Horn

Unten Mitte: Hermann-Hesse-Museum in Gaienhofen

Unten rechts: Das alte Fischerhaus in Wangen beherbergt heute das Heimatmuseum

S. 102: Winter am Untersee

Schweizer Unterseeufer

Blick von der Terrasse des Schlosses Arenenberg Richtung Berlingen

Die Orte Ermatingen, Mannenbach, Berlingen und Steckborn am Südufer des Untersees waren über viele Jahrhunderte im Besitz des Klosters Reichenau. Erst 1798 kamen sie zum Schweizer Kanton Thurgau. Ermatingen und Berlingen sind bis heute Fischerdörfer mit schönen Fachwerkhäusern und guten Fischrestaurants geblieben.

Mannenbach ist vor allem bekannt durch das Napoleon-Museum im Schloss Arenenberg im höher gelegenen Ortsteil Salenstein. Das kleine Schloss war Wohnsitz von Napoleons Stieftochter Hortense, der Mutter des späteren Kaisers Napoleon III., der hier seine Schulferien und Teile seiner Studienzeit verbrachte. Von der Terrasse des Anwesens haben wir einen schönen Blick auf den Untersee.

In Steckborn sind noch zahlreiche mittelalterliche Gebäude des alten Ortskerns erhalten. Wahrzeichen der kleinen Stadt ist der ab 1282 erbaute Turmhof direkt am See, heute Sitz eines Museums.

Im Napoleonmuseum

Schloss Arenenberg

Links: Das Rathaus von Steckborn wurde 1669 erbaut

S. 104: Direkt am Seeufer von Steckborn steht das kleine Schloss Turmhof

Stein am Rhein

Bei Stein am Rhein verengt sich der Untersee wieder zum Rhein. Dort bauten die Römer bereits im 2. Jahrhundert eine Brücke über den Fluss. Das Städtchen Stein am Rhein wurde 1001 erstmals urkundlich erwähnt und besitzt einen Altstadtkern mit malerischen Häusern aus dem 16. und 17. Jahrhundert.

Das Rathaus und die Gasthäuser rund um den original erhaltenen Marktplatz besitzen prachtvoll gemalte Fassaden.

Weitere sehenswerte Gebäude sind die romanische Stadtkirche aus dem 12. Jahrhundert, das einstige Kloster St. Georgen und die Reste der mittelalterlichen Stadtbefestigung.

Hoch über Stein am Rhein und einigen Weingärten für den „Steiner Beerli" liegt die vollständig erhaltene Burg Hohenklingen aus dem 11. Jahrhundert. Heute ist die Burg ein beliebtes Ausflugsziel. Vom Bergfried, von der Laube oder aus den Fenstern der Gaststuben kann man die Aussicht auf das malerische Städtchen Stein am Rhein und die Landschaft an Untersee und Rhein genießen.

Oben: Von Burg Hohenklingen hat man eine herrliche Aussicht auf das Rheintal

Unten links: Im Mittelpunkt des Marktplatzes steht das malerische Rathaus

Unten rechts: Stein am Rhein mit dem spitzen Turm der romanischen Stadtkirche

S. 106: Bei Stein am Rhein verengt sich der Untersee zum Fluss

Schaffhausen

Schaffhausen erhielt 1045 das Münzrecht, war lange Zeit reichsfreie Stadt und wurde 1501 in den „Bund der Eidgenossen" aufgenommen. Die historische Altstadt mit ihren erkergeschmückten Bürgerhäusern erinnert uns an diese Zeit. Sie wird überragt vom spitzen Kirchturm des romanischen Münsters aus dem 12. Jahrhundert und vom Turm der gotischen Stadtkirche St. Johann.

- Hauptstadt des Kantons Schaffhausen
- Etwa 36 000 Einwohner
- Gut erhaltene autofreie Altstadt
- Stadttheater, Kulturzentrum, Konzerte und Festivals
- Museum zu Allerheiligen, Hallen für neue Kunst und weitere Museen
- Zahlreiche Altstadtfeste und Märkte

Über der Stadt liegt das Wahrzeichen Schaffhausens, die Festung Munot. Sie wurde von 1563 bis 1585 als kreisrunde Bastei erbaut, angeblich nach einer Idee von Albrecht Dürer, der 1527 die Vorzüge eines runden Verteidigungsbauwerks beschrieb. Heute wird auf ihrem Südhang der Schaffhauser Blauburgunder angebaut.

Oben: Blick von der Festung Munot rheinaufwärts

Links: Zentraler Turm des Munots

S. 108: Die Festung Munot überragt die Häuser Schaffhausens

Der Rheinfall

* Größter Wasserfall Europas
* Höhe des Falls: 23 m
* Breite des Falls: 150 m
* Mittlere Wassermenge im Sommer: 600 m³/s
* Mittlere Wassermenge im Winter: 250 m³/s
* 1965 und 1999 Rekorde mit über 1 200 m³/s
* Etwa 2 Millionen Besucher im Jahr
* Jährliches „Riesenfeuerwerk" am 31. Juli, dem Vorabend des Schweizer Nationalfeiertages
* Adventure-Park Rheinfall mit 460 m langer Seilbahnstrecke

Der Rheinfall bei Schaffhausen (im Ort Neuhausen) ist der größte Wasserfall Europas und bietet uns zum Abschluss unserer Rundreise ein grandioses Schauspiel. Über eine Breite von 150 Meter und eine Höhe von 23 Meter stürzen im Sommer etwa 600 Kubikmeter Wasser pro Sekunde über die Felsen.

Unterhalb von Neuhausen führen kurze Wege von den Parkplätzen zum 13 Meter tiefen Rheinfallbecken mit dem Uferschlösschen Wörth und zahlreichen Restaurants und Kiosken.

Von hier aus können wir die ganze Wucht der Wassermassen auf uns wirken lassen oder auch mit einem kleinen Schiff zum mittleren Felsen fahren und diesen besteigen.

Die Südhälfte des Rheinfalls (ab dem mittleren Felsen) gehört zum Kanton Zürich. Am Südufer führen ein Fußweg und ein Panoramalift vom Schloss Laufen hinunter zu den Aussichtspunkten Fischetz und Känzeli und ebenfalls zu einem Bootssteg.

Oben links: Mit Booten erreicht man den mittleren Felsen im Rheinfall

Oben rechts: Sommerlicher Rheinfall

S. 110: Der Rheinfall unterhalb von Schloss Laufen

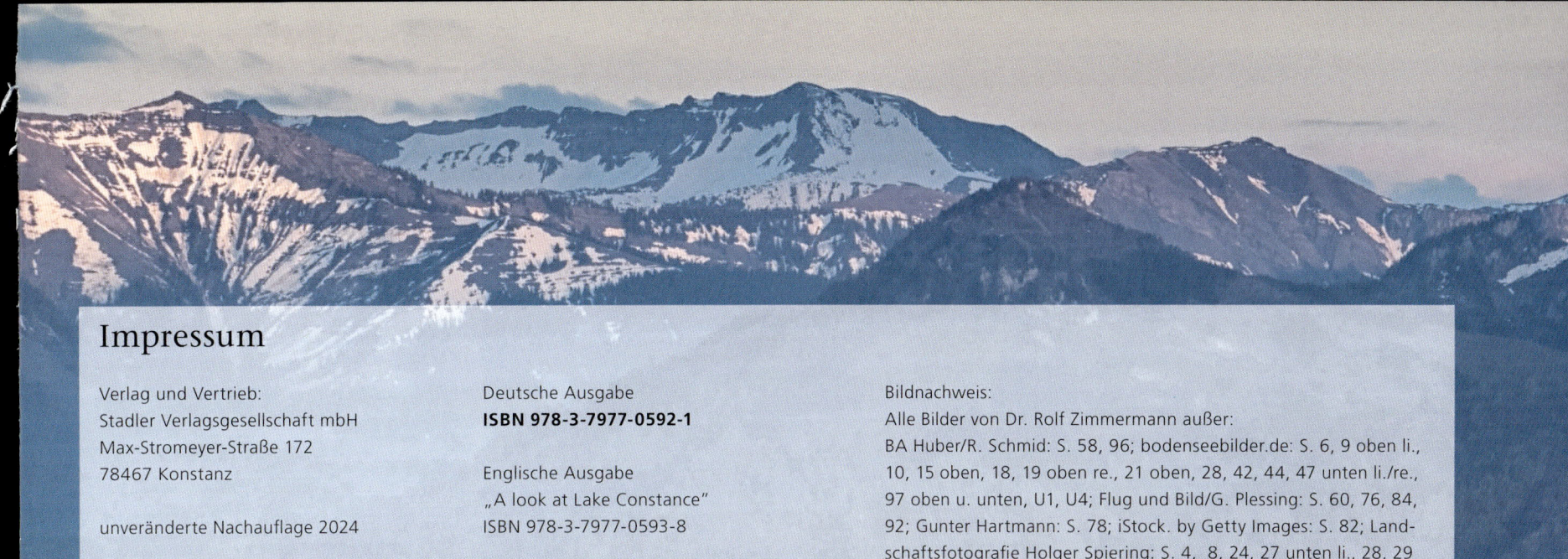

Impressum

Verlag und Vertrieb:
Stadler Verlagsgesellschaft mbH
Max-Stromeyer-Straße 172
78467 Konstanz

unveränderte Nachauflage 2024

© Copyright by
Verlag Friedr. Stadler, Konstanz
Inh. Michael Stadler e.K.

Gestaltung: Olaf Zeidler, Konstanz
Umschlaggestaltung: Diana Dörfl, Konstanz
Satz: immedia23, Stuttgart

Deutsche Ausgabe
ISBN 978-3-7977-0592-1

Englische Ausgabe
„A look at Lake Constance"
ISBN 978-3-7977-0593-8

Printed in EU

Vorsatz: Ausschnitt aus der Schwabenkarte
„Totius Sveviae novissima tabula"
von Janssonius, Amsterdam 1633

Nachsatz: Untersee, Fischerboot am Abend

Bildnachweis:
Alle Bilder von Dr. Rolf Zimmermann außer:
BA Huber/R. Schmid: S. 58, 96; bodenseebilder.de: S. 6, 9 oben li., 10, 15 oben, 18, 19 oben re., 21 oben, 28, 42, 44, 47 unten li./re., 97 oben u. unten, U1, U4; Flug und Bild/G. Plessing: S. 60, 76, 84, 92; Gunter Hartmann: S. 78; iStock. by Getty Images: S. 82; Landschaftsfotografie Holger Spiering: S. 4, 8, 24, 27 unten li., 28, 29 oben re., 30, 40, 46, 52, 53 oben, 68, 98, 102, 108, 110, 111/112, Nachsatz; Mainau GmbH/Fotoarchiv: S. 25 Mitte; Margräflich Badische Hauptverwaltung/Schloss Salem: S. 37 u.; Michael Häfner Fotografien: S. 62, 76, 100, 101 oben; Oliver Hanser: S. 17 oben; Peter v. Puttkammer: S. 77 unten re.; Pfänderbahn AG/D. Walser: S. 83 u.; Roland Gerth: S. 106; Wolfgang Schneider: S. 72, 74